OBSERVATIONS

SUR

LA CHARTE

CONSTITUTIONNELLE

DU 7 AOUT 1830.

OBSERVATIONS

SUR

LA CHARTE

CONSTITUTIONNELLE

DU 7 AOUT 1830,

Et sur les Lois séparées

QU'ELLE A JUGÉ NÉCESSAIRE DE PRÉPARER, DANS LE PLUS COURT
DÉLAI POSSIBLE, POUR POURVOIR A DIFFÉRENS
OBJETS D'UTILITÉ PUBLIQUE,

PAR

M. DE LA FOREST-D'ARMAILLÉ,

ANCIEN CONSEILLER AU PARLEMENT DE BRETAGNE ET PRÉSIDENT A
LA COUR ROYALE DE RENNES, MEMBRE DE LA CHAMBRE
DES DÉPUTÉS EN 1815.

Dieu est le Roi des Rois; c'est à lui qu'il
appartient de les instruire et de les régler
comme ses ministres. BOSSUET.

A RENNES,

DE L'IMPRIMERIE DE J. M. VATAR,
RUE SAINT-FRANÇOIS.

1830.

TABLE.

Avertissement. . . . . *pag.* 5

Observations sur la Charte de 1830.

Première Section. 11
  IIe   Section. 17
  IIIe   Section. 23
  IVe   Section. 27
  Ve   Section. 33
  VIe   Section. 38
  VIIe   Section. 41
  VIIIe Section. 43

Projets de lois séparées.

Première Loi. 45
  IIe   Loi. 46
  IIIe   Loi. 47
  IVe   Loi. 48
  Ve   Loi. 48
  VIe   Loi. 50
  VIIe   Loi. 51
  VIIIe Loi. 57
  IXe   Loi. 60
Conclusion. 61

AVERTISSEMENT.

La Charte constitutionnelle d'un peuple est la rédaction par écrit de la loi qui doit le constituer complètement et définitivement, en déterminant avec précision les droits et les devoirs respectifs des citoyens et des agens du Gouvernement.

Mais une nation n'est primitivement constituée que par les institutions qui forment :

1° Son état moral et religieux ;
2° Son état militaire et politique ;
3° Son état judiciaire et administratif.

La loi constitutionnelle qui détermine les formes d'une opposition légitime aux actes du Gouvernement, et qui reconnaît à tous les citoyens le droit égal de pouvoir être admis aux emplois de l'Etat, n'a point pour objet d'affaiblir ou de détruire ces premières institutions fondamentales ; elle doit au contraire leur donner une nouvelle vigueur en les rappelant au but de leur établissement primitif, et en soumettant leurs agens à une censure régulière.

Toute Charte constitutionnelle se divise donc en deux parties distinctes.

La première établit les formes suivant lesquelles le pouvoir souverain doit manifester ses volontés, et peut leur imprimer le caractère de loi.

La seconde détermine celles d'après lesquelles les lois doivent être exécutées, suivant leurs différens objets.

La Charte de 1814 renfermait, sur la première partie, tous les principes que l'expérience des siècles, confirmée par vingt-cinq années de révolutions, avait consacrés.

Il est en effet impossible de se dissimuler que, si ses intentions avaient toujours été fidèlement et religieusement observées, aucune loi n'aurait jamais pu contenir de dispositions contraires ;

1° A la morale universelle, ou à *la religion catholique* ;

2° *A la puissance* du Gouvernement ;

3° Aux règles éternelles de *la justice ;*

4° *Aux intérêts généraux* de toutes les classes de la société.

Sous le premier rapport, la déclaration du droit public des Français détermine avec précision les lois générales ou divines, auxquelles les rois et les législateurs sont eux-mêmes soumis.

Sous le second rapport, *les formes du gouvernement du Roi* devaient garantir de toute atteinte son autorité tutélaire, et ne permettaient pas qu'on en eût abusé.

Sous le troisième rapport, *la Chambre des Pairs* avait été spécialement instituée pour punir ces abus et empêcher qu'aucune loi nouvelle eût jamais pu contenir de dispositions contraires aux règles éternelles de *la justice.*

Enfin sous le quatrième et dernier rapport, *la Chambre des Députés* était particulièrement destinée à seconder *la bonté* du

Gouvernement, à lui faire connaître les besoins du peuple, et à concourir aux moyens de les soulager.

La seconde partie de la Charte, relative aux formes d'après lesquelles les lois doivent être exécutées suivant leurs différens objets, n'était pas aussi précise et aussi complète.

Son auguste Fondateur l'avait reconnu lui-même, et le Gouvernement avait plusieurs fois proclamé la nécessité de préparer une législation *qui s'accordât avec nos institutions, avec les habitudes et les besoins réels du pays, auxquels il est juste de satisfaire.*

Mais les divisions d'opinions, de sentimens, ou plutôt d'intérêts personnels (1), auxquels l'exécution franche et loyale de la Charte pouvait seule mettre un terme, ont été la cause des obstacles qui ont empêché nos rois de mettre la dernière main à ce

(1) Les partis ne sont que des intérêts et des passions personnifiées.　　　　*Le Catholique.* T. 12.

grand établissement, qui, comme ceux de Saint Louis, devait consacrer et confirmer les droits civils et politiques de la nation.

Pour remplir ce second et dernier objet d'une Charte constitutionnelle, il suffit de déterminer les quatre principes nécessaires pour soumettre à des formes régulières l'exercice de la puissance exécutive, avec la même précision que celle de 1814 l'avait fait pour celui de la puissance législative.

1° Tous les Français sont également admissibles aux emplois civils et militaires; mais ils doivent remplir les conditions nécessaires pour garantir qu'ils sont capables de les occuper.

2° Le Roi doit seul nommer à tous les emplois d'administration publique, afin qu'ils ne soient jamais confiés à des hommes dont la fidélité ne lui serait pas connue; mais en même temps il ne doit pouvoir les choisir que parmi ceux qui ont rempli les conditions générales établies par la loi.

3°. Les capacités légales qu'elle aura déterminées doivent être vérifiées par les autorités publiques auxquelles ce droit sera spécialement attribué.

4° Enfin, aucun candidat ne pourra être
présenté au Roi qu'en joignant à sa demande,
ainsi que cela avait lieu avant la révolution,
un certificat qui lui sera délivré par un nombre déterminé de notables ou de jurés d'élection, qui attesteront qu'il jouit de l'estime
de ses concitoyens, et qu'ils le verront avec
plaisir occuper la place qu'il sollicite.

S'il entrait dans mon plan de rappeler des
faits trop connus, il me serait facile de justifier que tous les troubles et tous les désordres qui ont affligé la France depuis l'établissement de la Charte en 1814, ne peuvent être attribués qu'à une seule cause.

*Le défaut des lois organiques nécessaires
pour assurer son exécution, et soumettre à
des règles fixes la nomination à tous les différens emplois de l'administration publique.*

CHARTE

CONSTITUTIONNELLE

DE 1830.

PREMIÈRE SECTION.

Droit public des Français.

ART. 1ᵉʳ. Les Français sont égaux devant la loi, quels que soient d'ailleurs leurs titres et leurs rangs.

2. Ils contribuent indistinctement dans la proportion de leur fortune aux charges de l'Etat.

3. Ils sont tous également admissibles aux emplois civils et militaires.

4. Leur liberté individuelle est également garantie, personne ne pouvant être poursuivi ni arrêté que dans les cas prévus par la loi et dans la forme qu'elle prescrit.

5. Chacun professe sa religion avec une égale liberté, et obtient pour son culte la même protection.

6. Les Ministres de la Religion Catholique, Apostolique et Romaine, professée par la majorité des Français, et ceux des autres cultes chrétiens, reçoivent des traitemens du trésor public.

7. Les Français ont le droit de publier et de faire imprimer leurs opinions, en se conformant aux lois; la censure ne pourra jamais être rétablie.

8. Toutes les propriétés sont inviolables, sans aucune exception de celles qu'on appelle *nationales*, la loi ne mettant aucune différence entre elles.

9. L'Etat peut exiger le sacrifice d'une propriété pour cause d'intérêt public légalement constaté, mais avec une indemnité préalable.

10. Toutes recherches des opinions et des votes émis jusqu'à la restauration sont interdites; le même oubli est commandé aux tribunaux et aux citoyens.

11. La conscription est abolie. Le mode de recrutement de l'armée de terre et de mer est déterminé par une loi.

OBSERVATIONS

Sur la première section.

« Tout Français doit jouir des droits civils ;
» mais l'exercice de ces droits est indépendant
» de la qualité de citoyen, qui ne s'acquiert et
» ne se conserve que conformément à la loi cons-
» titutionnelle. » (C. civ., art. 7 et 8.)

La première loi organique que la Charte de
1814 avait annoncée, était donc celle qui devait
déterminer les conditions nécessaires pour pouvoir
être admis à remplir un emploi public, et
acquérir ainsi la qualité de citoyen. *Civitatis,*
ou *gentis homo.*

Nous les avons déjà indiquées dans l'avertissement qui précède ces observations ; mais on ne
peut trop répéter une vérité qui a été si long-
temps méconnue.

Tout Français, par le fait seul de sa naissance,
doit jouir de tous les droits civils.

Mais comme aucune fonction publique, de
quelque nature qu'elle soit, ne peut être établie
que par la loi ; comme aucun Français ne peut

exercer sur ses concitoyens aucune espèce d'autorité, que lorsqu'elle est fondée sur un titre légal ; comme la première et la plus naturelle de toutes, la puissance paternelle elle-même, a été spécialement réglée par le Code civil, (1) une nation n'est véritablement et solidement constituée, que lorsque la loi politique a clairement déterminé l'objet et les limites précises des différentes autorités ou associations publiques qu'elle a établies ou expressément reconnues.

Ainsi, en appliquant ce principe aux différens articles de la première section de la Charte :

1° Toute espèce d'inquisition a été justement défendue, et chacun peut professer sa religion dans l'intérieur de sa famille avec une égale liberté ; mais aucune association relative à l'établissement public d'un culte, d'une maison d'éducation, d'une réunion politique ou littéraire, ne peut avoir lieu qu'en vertu d'une autorisation spéciale qui en détermine les conditions.

---

(1) Le titre de la puissance paternelle donne les moyens de maintenir l'ordre dans les familles, *en réglant sur des principes sages*, la première et la plus sacrée des magistratures, la puissance paternelle, établie par la nature même, et antérieure aux lois et aux conventions.

M. Toullier, Droit civil, liv. I, titre 9.

2° Tout *Français* a le droit de publier et de faire imprimer ses opinions ou ses réclamations individuelles, en se conformant aux lois; mais il est obligé de faire connaître son nom, pour justifier sa qualité de *Français*, et se soumettre à la responsabilité légale qui peut seule protéger l'ordre public et les bonnes mœurs, contre l'abus de la liberté qui lui est accordée.

3° Malgré l'utilité et même la nécessité des journaux périodiques dans un Gouvernement libre et constitutionnel, il est évident,

1° Qu'ils ne peuvent avoir lieu que par une association, plus ou moins nombreuse, d'écrivains intéressés dans cette entreprise et de lecteurs régulièrement abonnés;

2° Qu'ils forment par conséquent un établissement public, consacré à l'instruction journalière de ces lecteurs;

3° Qu'un grand nombre de ces lecteurs, en raison de leur âge, de leur ignorance, de l'esprit de secte ou de parti dans lequel ils ont été élevés, peuvent y trouver de nouveaux alimens à ces dangereuses passions qui les éloignent également de la vérité, de la justice, de la raison, et qui enveniment et perpétuent les dissensions morales et politiques.

Le droit de publier un journal ou un écrit périodique, et surtout celui d'en diriger et d'en surveiller la rédaction, n'est donc point un simple *droit civil*, dont tous les Français doivent également jouir.

C'est une véritable *censure publique* dont l'auguste ministère ne peut être confié qu'à des citoyens dont la capacité et les qualités morales auront été légalement justifiées, suivant les formes établies pour tous les autres emplois.

Dans les anciennes républiques elles-mêmes, et particulièrement dans celles d'Athènes et de Rome, les orateurs ou les tribuns du peuple n'étaient admis à discuter les intérêts publics ou les affaires particulières, que lorsqu'ils en avaient reçu la mission spéciale par les dispositions de la loi et la confiance de leurs concitoyens.

Depuis que les nations modernes ont perfectionné les institutions politiques de leurs différens gouvernemens, les orateurs sacrés, les députés du peuple, les magistrats et les jurisconsultes chargés de défendre les intérêts qui leur sont confiés, n'ont également jamais été admis à parler en public, soit à la raison, soit quelquefois aux passions de leurs concitoyens réunis dans un auditoire particulier, que lorsqu'ils ont rempli les conditions exigées par les lois, et qu'ils ont reçu à cet égard, soit par le choix du Gouvernement, soit par la confiance publique, une mission spéciale.

Comment pourrait-on réclamer une exception ou un privilège proscrit par nos lois, pour des associations particulières qui exerceraient, sans mission légale, une influence journalière sur l'opinion publique, qui a été justement appelée *la Reine du monde*, et qui peuvent paralyser ou détruire l'action de toutes les institutions qui constituent les sociétés humaines, et sans lesquelles aucun état ne peut exister ?

IIᵉ SECTION.

Formes du Gouvernement du Roi.

ART. 12. La personne du Roi est inviolable et sacrée. Ses ministres sont responsables. Au Roi seul appartient la puissance exécutive.

13. Le Roi est le chef suprême de l'Etat; il commande les forces de terre et de mer, déclare

la guerre, fait les traités de paix, d'alliance et de commerce, nomme à tous les emplois d'administration publique, et fait les règlemens nécessaires pour l'exécution des lois, sans pouvoir jamais ni suspendre les lois elles-mêmes, ni dispenser de leur exécution.

Toutefois aucune troupe étrangère ne pourra être admise au service de l'Etat qu'en vertu d'une loi.

14. La puissance législative s'exerce collectivement par le Roi, la Chambre des Pairs et la Chambre des Députés.

15. La proposition des lois appartient au Roi, à la Chambre des Pairs et à la Chambre des Députés.

Néanmoins toute loi d'impôt doit être d'abord votée par la Chambre des Députés.

16. Toute loi doit être discutée et votée librement par la majorité de chacune des deux Chambres.

17. Si une proposition de loi a été rejetée par l'un des trois pouvoirs, elle ne pourra être représentée dans la même session.

18. Le Roi seul sanctionne et promulgue les lois.

19. La liste civile est fixée pour toute la durée du règne, par la première législature assemblée depuis l'avènement du Roi.

OBSERVATIONS

Sur la seconde section.

La seconde section de la Charte, qui détermine les formes du Gouvernement français, n'est encore à cet égard que la déclaration d'une de ces vérités éternelles qui ne passeront jamais.

Le Roi est le représentant de tous les pères de famille de son royaume, et, en cette qualité, le père commun de tous les Français, qui sont égaux devant lui, comme ils le sont devant Dieu, dont les rois sont les ministres sur la terre.

Sous ce premier rapport, son autorité est *sacrée* par son origine.

Elle est encore *absolue* pour faire exécuter les lois existantes.

Mais elle doit être en même temps *soumise à la raison*, « parce qu'un gouvernement est un » ouvrage de raison et d'intelligence, et que tout » se fait parmi les hommes par l'intelligence et » par le conseil. » (Bossuet, *politique sacrée*.)

Si la monarchie est la forme de gouvernement la plus commune, la plus ancienne, et aussi la plus naturelle (Bossuet, *idem*), il n'est pas moins constant que cette forme de gouvernement n'a jamais rempli son objet, que lorsque le prince a été secondé *par des conseillers choisis avec discrétion, qui aient passé par beaucoup d'épreuves, et qui sachent surtout employer chacun suivant ses talens.* (Bossuet, *idem*).

Le rétablissement d'un conseil d'état, uniquement chargé de délibérer sur les affaires qui doivent lui être soumises, est donc la seconde loi organique dont la sagesse du fondateur de la Charte avait reconnu la nécessité.

Suivant les anciens usages de la monarchie, qui n'a été puissante et heureuse que lorsqu'ils ont été observés, le Roi ne pouvait manifester et proclamer ses volontés royales, qu'après avoir entendu et attentivement examiné l'avis de son conseil privé, qui devait être motivé et consigné sur ses registres.

Les ministres d'état qui y étaient appelés n'é-
taient pas ordinairement chargés de la direction
d'un des départemens du pouvoir exécutif; leurs
fonctions se bornaient, comme elles devraient se
borner encore, à délibérer :

1° Sur toutes les affaires relatives à la politique extérieure et à l'administration générale de
l'Etat ;

2° Sur le mérite et les droits respectifs des
Français qui étaient présentés par les corps ou les
agens responsables chargés de vérifier l'accom-
plissement exact des conditions exigées par la
loi pour remplir les différentes fonctions publiques ; sur leur nomination, leur révocation, ou
leur mise en jugement ;

3° Sur la justice de toutes les récompenses
honorifiques, pensions, secours, et en général
de toutes les grâces qui pouvaient être deman-
dées au Roi ;

4° Sur la rédaction définitive des projets de
lois et d'ordonnances ;

5° Enfin, sur l'annullation de tous les actes
des autorités publiques, qui étaient contraires
aux lois de l'Etat, ou qui excédaient leurs attributions, à la charge de renvoyer toutes celles

qui intéressaient des droits particuliers devant les magistrats qui devaient les juger.

Il est évident,

1° Que les membres du Conseil d'Etat ne devraient être choisis que parmi des Français qui auraient rempli au moins pendant vingt ans des fonctions publiques, afin que leur capacité et leur moralité aient été justifiées par une longue expérience, et puissent être généralement connues et appréciées ;

2° Qu'ils ne doivent cumuler et remplir aucun autre emploi, ni surtout s'immiscer dans aucun acte direct de l'administration, afin que leur responsabilité morale ne puisse s'appliquer qu'à la sagesse, la justice et la bonté de leurs conseils, et que, par leur position politique, ils soient entièrement à l'abri de l'influence funeste de tout esprit de corps, de secte ou de parti.

L'organisation du Conseil d'Etat, sur les bases qui ont été déterminées ci-dessus, aurait encore un grand avantage pendant la minorité des Rois, qui a toujours donné lieu ou servi de prétexte à des troubles politiques.

Ce Conseil deviendrait naturellement alors le Conseil de régence ; et comme il serait établi de manière à conserver l'esprit du Gouvernement et le même système politique, on n'aurait pas à craindre de voir se renouveler ces prétentions ambitieuses et ces rivalités sanglantes qui ont signalé les régences, dans toutes les monarchies où des lois fixes n'ont pas prévenu les désordres qui les accompagnent ordinairement.

IIIᵉ SECTION.

De la Chambre des Pairs.

ART. 20. La Chambre des Pairs est une portion essentielle de la Puissance législative.

21. Elle est convoquée par le Roi en même temps que la Chambre des Députés. La session de l'une commence et finit en même temps que celle de l'autre.

22. Toute assemblée de la Chambre des Pairs, qui serait tenue hors du temps de la session de la Chambre des Députés, est illicite et nulle de plein droit, sauf le seul cas où elle est réunie

comme Cour de Justice ; et alors elle ne peut exercer que des fonctions judiciaires.

23. La nomination des Pairs de France appartient au Roi. Leur nombre est illimité : il peut en varier les dignités, les nommer à vie ou les rendre héréditaires, selon sa volonté.

24. Les Pairs ont entrée dans la Chambre à vingt-cinq ans, et voix délibérative à trente ans seulement.

25. La Chambre des Pairs est présidée par le Chancelier de France, et, en son absence, par un Pair nommé par le Roi.

26. Les Princes du Sang sont Pairs par droit de naissance : ils siègent immédiatement après le Président.

27. Les séances de la Chambre des Pairs sont publiques, comme celles de la Chambre des Députés.

28. La Chambre des Pairs connaît des crimes de haute trahison et des attentats à la sureté de l'Etat, qui seront définis par la loi.

29. Aucun Pair ne peut être arrêté que de l'autorité de la Chambre, et jugé que par elle en matière criminelle.

OBSERVATIONS

Sur la troisième section.

Si le *pouvoir royal* est organisé de manière à ne vouloir que ce qui est bon, juste, utile, et si ses attributions sont toutes paternelles, *le pouvoir judiciaire* est destiné à conserver intact le dépôt des lois, à maintenir les vraies doctrines, et à punir tous les attentats contre *les personnes ou les propriétés*.

Placée au premier rang parmi les autorités revêtues de ces augustes fonctions, la Chambre des Pairs est particulièrement instituée pour les remplir dans toute leur étendue.

Son premier objet est de repousser toutes les innovations dangereuses que la malveillance ou un zèle irréfléchi pourraient proposer; mais elle doit en même temps concourir à toutes les améliorations utiles qui ne portent aucune atteinte à des droits légitimement acquis.

Le second objet de son institution est de connaître des crimes de concussion, de haute trahison, et en général de tous les attentats à la sureté de l'Etat, qui devaient être déterminés par la loi, ainsi que les formes de leur poursuite.

Cette loi, annoncée depuis long-temps par la Charte et par plusieurs ordonnances du Roi, est la troisième loi organique nécessaire pour assurer son exécution, et ne présente encore aucune difficulté réelle, quand on voudra s'en occuper.

Il suffirait d'établir dans le sein de la Chambre des Pairs *une haute cour de justice,* dont les membres, nommés par le Roi, auraient pour attribution spéciale de prononcer l'application des peines prévues par nos lois générales contre les accusés qui auraient été déclarés coupables par un grand jury tiré au sort parmi les autres Pairs de France, suivant les formes du Code d'instruction criminelle.

Les Pairs qui en feraient partie pourraient encore être chargés de préparer dans l'intervalle des sessions des deux Chambres législatives, de concert avec les commissaires choisis par le Roi dans son conseil d'état et ceux qui seraient nommés par la Chambre des Députés, les différens projets de loi qui devraient être proposés dans la prochaine session.

Ces dispositions qui assureraient l'exécution de la Charte, auraient encore l'avantage de procurer une grande économie de temps et de discussions, quelquefois pénibles et fatigantes.

IVe SECTION.

De la Chambre des Députés.

Art. 3o. La Chambre des Députés sera composée de députés élus par les collèges électoraux, dont l'organisation sera déterminée par des lois.

31. Les députés seront élus pour cinq ans.

32. Aucun député ne peut être admis dans la Chambre, s'il n'est âgé de trente ans, et s'il ne réunit les autres conditions déterminées par la loi.

33. Si néanmoins il ne se trouvait pas dans le département cinquante personnes de l'âge indiqué payant le cens d'éligibilité déterminé par la loi, leur nombre sera complété par les plus imposés au-dessous du taux de ce cens, et ceux-ci pourront être élus concurremment avec les premiers.

34. Nul n'est électeur, s'il a moins de vingt-cinq ans, et s'il ne réunit les autres conditions déterminées par la loi.

35. Les présidens des collèges électoraux sont nommés par les électeurs.

36. La moitié au moins des députés sera choisie parmi les éligibles qui ont leur domicile politique dans le département.

37. Le président de la Chambre des Députés est élu par elle à l'ouverture de chaque session.

38. Les séances de la Chambre sont publiques; mais la demande de cinq membres suffit pour qu'elle se forme en comité secret.

39. La Chambre se partage en bureaux pour discuter les projets qui lui ont été présentés de la part du Roi.

40. Aucun impôt ne peut être établi ni perçu, s'il n'a été consenti par les deux Chambres, et sanctionné par le Roi.

41. L'impôt foncier n'est consenti que pour un an. Les impositions indirectes peuvent l'être pour plusieurs années.

42. Le Roi convoque chaque année les deux Chambres; il les proroge et peut dissoudre celle des députés; mais, dans ce cas, il doit en convoquer une nouvelle dans le délai de trois mois.

43. Aucune contrainte par corps ne peut être exercée contre un Membre de la Chambre durant la session, et dans les six semaines qui l'auront précédée ou suivie.

44. Aucun Membre de la Chambre ne peut, pendant la durée de la session, être poursuivi ni arrêté en matière criminelle, sauf le cas de flagrant délit, qu'après que la Chambre a permis sa poursuite.

45. Toute pétition à l'une ou à l'autre des Chambres ne peut être faite et présentée que par écrit : la loi interdit d'en apporter en personne ou à la barre.

OBSERVATIONS

Sur la quatrième section.

La liberté politique, qui consiste dans le droit d'appeler l'attention du Gouvernement sur les besoins du peuple, est le complément de ceux dont les citoyens doivent jouir dans un Etat parvenu au dernier degré de la civilisation.

La Chambre des Députés est particulièrement chargée,

1° De faire connaître leurs vœux et leurs justes réclamations;

2° De concourir par son suffrage à l'amélioration ou à la réforme des lois existantes ;

3° Enfin d'exercer le grave et l'auguste ministère de la censure publique sur les actes de l'administration qui seraient contraires aux droits publics des Français.

Mais la Charte avait réservé au pouvoir législatif de régler par des lois spéciales l'organisation des collèges électoraux et le mode de la censure publique confiée à la Chambre des Députés.

Celles qui ont été successivement rendues relativement au premier de ces deux objets, ont été le résultat des circonstances du moment, beaucoup plus que la juste conséquence des vrais principes du Gouvernement, et on ne s'est point encore occupé du second.

Il est évident, d'après ces principes,

1° Que le droit d'élire les Députés n'est point un droit ou un privilège accordé à quelques classes de citoyens, en raison seulement de leur âge et de leur fortune présumée;

2° Que cette élection est une véritable fonction publique, ainsi que celle des jurés et des citoyens appelés à remplir des fonctions gratuites et volontaires; fonctions pour lesquelles on doit établir des conditions générales, calculées non pas dans l'intérêt particulier de ceux qui les exercent, mais d'après des considérations d'un ordre plus élevé, c'est-à-dire d'après le résultat plus ou moins avantageux dans l'intérêt public, que l'on peut raisonnablement attendre de la réunion de ces différentes conditions.

Le choix des Députés est d'un intérêt si grave, si général, il peut avoir des effets si funestes, lorsqu'il est dirigé par l'esprit de parti, de quelque couleur ou de quelque nom qu'il se décore, qu'il est nécessaire de prendre toutes les précautions possibles pour que les Députés élus soient toujours les citoyens les plus capables de remplir leur mission avec fidélité, loyauté et désintéressement.

Ces précautions peuvent se réduire à deux :

1° Le nombre des électeurs ne doit pas être abandonné au hasard ; il doit être fixé comme celui de tous les corps appelés à remplir des fonctions publiques, en raison de la nature et de l'importance de ces fonctions.

2° Les électeurs eux-mêmes doivent être choisis, médiatement ou immédiatement, par tous ceux de leurs concitoyens qui ont rempli les conditions exigées par la loi ; opération très-facile, puisque la division actuelle du territoire français en départemens, cantons et communes, donne le moyen d'appeler tous les Français à concourir graduellement à l'election de leurs Députés sans aucun déplacement pénible, et sans qu'il soit besoin de réunir des assemblées trop nombreuses.

Quant au mode de la censure grave et modérée que la Chambre des Députés peut être appelée à exercer, il suffirait qu'elle choisît, au commencement de chaque session, cinquante orateurs ou commissaires intermédiaires qui seraient chargés,

1° De discuter contradictoirement avec ceux du Gouvernement les projets de loi proposés dans chaque session du Corps Législatif, en sorte que les autres Députés, après avoir entendu cette discussion précise et méthodique, n'auraient, ainsi que les jurés, que deux paroles à prononcer : *Sur mon honneur et ma conscience, devant Dieu et devant les hommes ;*

Oui, la loi est bonne.

Non, la loi n'est pas bonne.

2° De préparer pendant l'intervalle des sessions, de concert avec les commissaires choisis par le Roi dans son conseil d'état, et ceux qui seraient nommés dans la Chambre des Pairs, les nouveaux projets de loi qui seraient jugés utiles.

3° De recueillir et d'examiner toutes les peti-tions et réclamations individuelles, ainsi que tous les renseignemens relatifs à des objets d'intérêt public qui leur seraient adressés par leurs con-citoyens.

Par ce moyen, le véritable vœu national, qui est le vœu individuel de la majorité des Français, pourrait être facilement recueilli et constaté, et les deux Chambres législatives n'auraient plus qu'à le vérifier et à le sanctionner.

Ve SECTION.

Des Ministres.

ART. 46. Les ministres peuvent être membres de la Chambre des Pairs ou de la Chambre des Députés.

Ils ont en outre leur entrée dans l'une ou l'autre Chambre, et doivent être entendus quand ils le demandent.

47. La Chambre des Députés a le droit d'ac-cuser les ministres et de les traduire devant la Chambre des Pairs, qui seule a celui de les juger.

OBSERVATIONS

Sur la cinquième section.

Le pouvoir exécutif ne peut être dirigé que par des ministres et des secrétaires d'état nommés par le Roi, et révocables à sa volonté.

Si le caractère distinctif *du pouvoir royal* est de maintenir entre les enfans d'un même Dieu et d'un même père l'*égalité* qui est le premier de leurs droits naturels et politiques ; *la sureté* individuelle, qui est le second de ces mêmes droits, exige une administration assez forte et assez absolue pour soumettre tous les Français, sans exception, au joug des lois existantes, et pour les faire exécuter rapidement dans toute l'étendue du royaume.

Mais pour que le ministère exécutif puisse remplir facilement la mission qui lui est confiée, la sagesse de nos rois avait reconnu plusieurs fois aussi la nécessité d'une cinquième loi organique qui fixât avec précision les attributions des différens départemens dont il doit être composé. Cette fixation positive est particulièrement nécessaire pour que les ministres secrétaires d'état ne soient jamais soumis qu'à la responsabilité de leurs actes personnels.

Une responsabilité collective serait évidemment contraire à toutes les règles de la justice, et rendrait illusoires les dispositions de la Charte relatives à celle de tous les fonctionnaires publics, soumis également aux lois générales qui punissent, sans exception de personne, tous les crimes et tous les délits.

La division et les attributions spéciales des différens départemens du ministère exécutif ont souvent changé; mais en se conformant aux vrais principes du Gouvernement français, ils doivent être invariablement fixés au nombre de dix :

1° *L'administration intérieure*, dont les agens sont particulièrement chargés d'exercer l'autorité paternelle du Roi, et de pourvoir à la subsistance, à la première éducation physique, et à la santé de tous les individus qui ont besoin de leur secours, par une surveillance active sur tous les établissemens consacrés à l'utilité et à la bienfaisance publique.

2° *Les affaires ecclésiastiques*, dont les agens ont reçu la mission spéciale de développer les facultés morales de l'homme, de rallier toutes les opinions, de fixer tous les intérêts par l'influence de *la religion*, qui seule a appris aux hommes que, s'ils sont tous frères par leur origine commune, ils ont aussi une destination commune comme membres de l'église catholique ou de la société universelle du genre humain.

3° *La guerre*, dont les agens doivent protéger la *sureté* générale contre tous ceux qui voudraient y porter atteinte.

4° *Les travaux publics*, dont les agens sont particulièrement chargés de développer les facultés industrielles de l'homme, de diriger et de surveiller toutes les entreprises nécessaires aux progrès du *commerce* et des *arts*.

5° *La justice*, dont les agens sont chargés de maintenir les relations sociales, et de punir tous les attentats contre les *personnes* ou les *propriétés*.

6° *L'instruction publique*, dont les agens doivent conserver, perfectionner et répandre toutes les connaissances nécessaires pour être admis à remplir les différentes fonctions sociales, vérifier la capacité de tous les candidats qui se présentent, et exercer la plus noble des magistratures, en récompensant l'application et le travail, et en punissant l'ignorance et la présomption.

7° *Les finances* et les dépenses publiques, dont les agens sont chargés d'administrer la richesse commune, de solder ou récompenser tous les services rendus à l'Etat.

8° *Les contributions publiques*, dont les agens doivent inspecter et contrôler toutes les recettes, et sont particulièrement chargés 1° de veiller à l'exécution de l'article de la Charte qui ordonne la répartition proportionnelle de toutes les contributions; 2° de veiller également à celle des différentes lois qui déterminent *le cens* nécessaire pour exercer quelques droits politiques.

9° *Les affaires étrangères.*

10° Enfin *la marine et les colonies*, dont les agens sont chargés de veiller aux deux grands intérêts politiques de l'Etat.

Chacun de ces dix départemens serait dirigé par un *ministre d'état*, qui aurait sous ses ordres un nombre déterminé de *secrétaires* d'état chargés de l'aider dans l'exercice de ses fonctions, et de le remplacer en cas de besoin.

VIe SECTION.

De l'ordre judiciaire.

Art. 48. Toute justice émane du Roi ; elle s'administre en son nom par des juges qu'il nomme et qu'il institue.

49. Les juges nommés par le Roi sont inamovibles.

5o. Les cours et tribunaux ordinaires actuellement existans sont maintenus ; il n'y sera rien changé qu'en vertu d'une loi.

5i. L'institution actuelle des juges de commerce est conservée.

52. La justice de paix est également conservée. Les juges de paix, quoique nommés par le Roi, ne sont point inamovibles.

53. Nul ne pourra être distrait de ses juges naturels.

54. Il ne pourra en conséquence être créé de commissions et tribunaux extraordinaires, à quelque titre et sous quelque dénomination que ce puisse être.

55. Les débats seront publics en matière criminelle, à moins que cette publicité ne soit dangereuse pour l'ordre et les mœurs ; et, dans ce cas, le tribunal le déclare par un jugement.

56. L'institution des jurés est conservée. Les changemens qu'une plus longue expérience ferait juger nécessaires, ne peuvent être effectués que par une loi.

57. La peine de la confiscation des biens est abolie et ne pourra pas être rétablie.

58. Le Roi a le droit de faire grâce et celui de commuer les peines.

59. Le Code civil et les lois actuellement existantes, qui ne sont pas contraires à la présente Charte, restent en vigueur jusqu'à ce qu'il y soit légalement dérogé.

OBSERVATIONS

Sur la sixième section.

La Charte de 1814 et celle de 1830 ont également maintenu toutes les lois existantes qui n'étaient pas contraires à leurs dispositions.

Malgré ce texte précis, on avait supposé, en 1815, que le titre 6ᵉ du Code d'instruction criminelle, relatif aux Cours spéciales, ne devait plus être exécuté.

Cependant il est évident que ce titre ne contenait rien de contraire à la Charte, et qu'il était nécessaire pour faire disparaître la plupart des inconvéniens qu'on attribuait à l'institution des jurés, dont ce titre était le complément nécessaire.

« Sous les titres précédens, qui règlent le
» droit commun, la loi s'était occupée plus par-
» ticulièrement des intérêts privés et de la sureté
» des individus.

» Dans le sixième titre, qui établit l'excep-
» tion, la même loi s'était occupée plus essen-
» tiellement de la société considérée en masse,
» en poursuivant par des moyens plus répressifs,
» soit certains crimes, quels qu'en soient les
» auteurs, parce que ces crimes, tels que la
» rebellion armée et la fausse monnaie, trou-
» blent et désorganisent l'ordre social ; soit cer-
» taines classes d'individus, quels que soient
» leurs crimes, parce que les accusés, vagabonds,
» ou déjà repris de justice, sont en guerre ou-
» verte avec la société, et devraient être traités

» par elle moins comme des criminels que comme
» des ennemis armés pour sa destruction. » (1)

~~~~~~~~~~

VIIe SECTION.

Droits particuliers garantis par l'Etat.

ART. 60. Les militaires en activité de service,
les officiers et les soldats en retraite, les veuves,
les officiers et soldats pensionnés, conserveront
leurs grades, honneurs et pensions.

61. La dette publique est garantie. Toute
espèce d'engagement pris par l'Etat avec ses
créanciers est inviolable.

62. La noblesse ancienne reprend ses titres.
La nouvelle conserve les siens. Le Roi fait des
nobles à volonté; mais il ne leur accorde que
des rangs et des honneurs, sans aucune exemp-
tion des charges et des devoirs de la société.

(1) Motifs du titre 6 du liv. 2 du Code d'instruction criminelle.

La nécessité de faire exécuter une loi existante, maintenue
par la Charte, et qui n'a jamais été abrogée, ne paraît pas
pouvoir être raisonnablement contestée.
~~~~~~~~~~

63. La Légion d'Honneur est maintenue. Le Roi déterminera les réglemens intérieurs et la décoration.

64. Les colonies sont régies par des lois particulières.

65. Le Roi et ses successeurs jureront à leur avénement, en présence des Chambres réunies, d'observer fidèlement la Charte constitutionnelle.

66. La présente Charte et tous les droits qu'elle consacre demeurent confiés au patriotisme et au courage des gardes nationales et de tous les citoyens français.

67. La France reprend ses couleurs. A l'avenir, il ne sera plus porté d'autre cocarde que la cocarde tricolore.

OBSERVATIONS

Sur la septième section.

La nécessité de soumettre à des règles fixes la concession de toutes les récompenses honorifiques ou pécuniaires, et en général de toutes les grâces que le Roi peut accorder, a déjà été établie dans les observations sur la seconde section.

On a reconnu aussi dans tous les temps la nécessité d'établir un dépôt, où tous les titres de la noblesse ancienne et nouvelle soient vérifiés et conservés.

Dans notre Constitution actuelle, il ne peut être confié qu'à la Chambre des Pairs.

vvvvvvvvvv

VIIIe SECTION.

Dispositions particulières.

Art. 68. Toutes les nominations et créations nouvelles de Pairs faites sous le règne de Charles X sont déclarées nulles et non avenues.

L'article 23 de la Charte sera soumis à un nouvel examen dans la session de 1831.

69. Il sera pourvu successivement par des lois séparées, et dans le plus court délai possible, aux objets qui suivent :

1º L'application du jury aux délits de la presse et aux délits politiques ;

2º La responsabilité des ministres et des autres agens du pouvoir ;

3º La réélection des députés promus à des fonctions publiques salariées ;

4º Le vote annuel du contingent de l'armée ;

5º L'organisation de la garde nationale, avec intervention des gardes nationaux dans le choix de leurs officiers ;

6º Des dispositions qui assurent d'une manière légale l'état des officiers de tout grade de terre et de mer ;

7º Des institutions départementales et municipales fondées sur un système électif ;

8º L'instruction publique et la liberté de l'enseignement ;

9º L'abolition du double vote et la fixation des conditions électorales et d'éligibilité.

70. Toutes les lois et ordonnances, en ce qu'elles ont de contraire aux dispositions adoptées pour la réforme de la Charte, sont dès à présent et demeurent annulées et abrogées.

OBSERVATIONS

Sur la huitième et dernière section.

PREMIERE LOI.

L'application du jury aux délits de la presse et aux délits politiques, est le premier objet des nouvelles lois que la Charte a ordonné de préparer.

Mais la nature particulière de ces délits ou de ces crimes, exige que les jurés qui seront appelés à prononcer sur la culpabilité des prévenus, ne puissent être choisis que parmi des citoyens qui soient capables de l'apprécier.

Il suffit en effet d'être père de famille et inté-ressé au maintien de l'ordre public, pour pou-voir émettre sa conviction sur les preuves d'un vol ou d'un meurtre; mais les délits de la presse et surtout les délits politiques, ainsi que les circonstances aggravantes qui peuvent les accom-pagner, ne peuvent être appréciées que par des jurés spéciaux, dont le choix et la nomination doivent être soumis par la loi à des conditions et à des formes particulières qui ne soient pas les mêmes pour ces différens délits.

DEUXIÈME LOI.

La Charte de 1814 avait annoncé des lois particulières pour définir les crimes dont les Ministres auraient pu se rendre coupables, et déterminer les formes de leur poursuite.

Ces lois devaient être le complément nécessaire de la Charte à cet égard ; leurs dispositions réglementaires peuvent donner lieu à quelques discussions, mais elle en a fixé les bases essentielles.

La loi est égale pour tous ; ainsi les Ministres, soit comme fonctionnaires publics, soit comme citoyens, peuvent être poursuivis pour tous les crimes, délits et contraventions prévues par les lois de l'Etat.

Mais ils ne doivent être mis en jugement et suspendus de l'exercice de leurs fonctions, qui ne pourrait être interrompu sans de graves inconvéniens, qu'en vertu d'une ordonnance du Roi délibérée dans son Conseil privé, ou d'un acte d'accusation porté contre eux par la Chambre des Députés.

Par les mêmes motifs, la Chambre des Pairs a seule le droit de les juger.

TROISIÈME LOI.

La réélection des députés promus à des fonctions publiques salariées pouvait paraître convenable aussi long-temps que les conditions nécessaires pour être nommé aux différens emplois n'étaient pas fixées, afin de mettre un terme au scandale de tant de promotions qui étaient souvent obtenues sans titre légitime, par l'effet de promesses, quelquefois même de menaces, qui manifestaient également la faiblesse des agens du Gouvernement.

Mais du moment qu'aucun Français ne pourra plus être nommé à aucun emploi public, que sur la présentation de ses concitoyens, et d'après l'avis du conseil d'état qui aura vérifié ses droits, la réélection des députés serait une mesure également contraire à toutes les bienséances, et aux droits des électeurs qui les ont honoré de leur confiance.

QUATRIÈME LOI.

Le vote annuel du contingent de l'armée, ainsi que celui de toutes les dépenses nécessaires pour acquitter les dettes de l'Etat et pourvoir aux différens services publics, serait une mesure qui manifesterait une défiance pusillanime, ou l'intention secrète de se réserver les moyens de pouvoir former, en temps et lieu, une opposition systématique et intéressée aux vues du Gouvernement; spéculation perfide dont on n'a vu que trop d'exemples depuis le premier établissement de la Charte, qui ne devait laisser aucun prétexte à de pareilles manœuvres.

CINQUIÈME LOI.

L'organisation de la garde nationale est de la plus haute importance, puisque son objet est de former les jeunes gens aux vertus et aux exercices militaires, et de les consacrer, aussitôt qu'ils en ont la force, au maintien *de l'ordre et de la liberté*, suivant cette belle pensée de *Bossuet* :

« Dieu veut que les peuples s'aguerrissent, et
» qu'ils apprennent eux et *leurs enfans* à com-
» battre leurs ennemis. »

Mais si cette loi est nécessaire pour entretenir dans une nation les habitudes de courage, de dévouement à la patrie, et de discipline régulière, qui peut seule assurer son indépendance, elle doit être en harmonie avec les principes de la constitution générale de l'Etat et les formes du gouvernement établi.

Pour que cette harmonie ait lieu, il est particulièrement nécessaire que la loi relative à cet objet soit faite sur les mêmes bases et sur les mêmes principes que celle qui doit établir les institutions départementales et municipales annoncées dans le n° 7 de cette section.

Quant à l'intervention des gardes nationaux dans le choix de leurs officiers, elle doit se borner à les présenter au Gouvernement, qui seul a le droit de nommer à tous les emplois : la Charte est fondée sur l'*égalité*, et ne peut admettre aucun privilège, aucune exception aux principes généraux qu'elle a consacrés.

Par les mêmes motifs, les officiers de la garde nationale doivent aussi être toujours subordonnés aux autorités administratives de la commune ou du canton où elle sera établie, et elle ne pourra être mise en activité que d'après les ordres du Roi, *qui commande seul les forces de terre et de mer*. Charte, art. 14.

SIXIÈME LOI.

On a réclamé dans tous les temps des dispositions légales *pour assurer l'état des officiers de tout grade de terre et de mer*.

Mais on ne peut pas songer à établir ces dispositions aussi long-temps que la nomination aux emplois, et la révocation de ceux qui les occupent, ne sera réellement que la prérogative des bureaux, et que l'on n'en fera usage que pour payer et récompenser les amis, effrayer et punir les ennemis des usurpateurs de cette prérogative qui est l'attribut le plus essentiel d'un Gouvernement vraiment monarchique, légitime et constitutionnel.

Lorsque la loi que nous avons indiquée dans nos observations sur la première et la seconde section de la Charte sera rendue, il n'y aura aucun inconvénient à garantir également la stabilité de tous les fonctionnaires publics, nécessaire à celle du trône même, puisqu'ils ne seront nommés qu'après des épreuves légales, des services anté-cédens nécessaires pour parvenir aux grades supé-rieurs, et avoir justifié qu'ils ont mérité la confiance de leurs concitoyens.

Alors toutes les places pourront être *également* inamovibles, et ceux qui les occuperont n'auront aucun prétexte pour étouffer la voix de leur conscience dans les affaires politiques, puisqu'ils ne pourront jamais être destitués que pour des causes déterminées et d'après les formes spéciales que la loi aura établies, suivant la nature et les attributions des différentes fonctions publiques.

SEPTIÈME LOI.

L'organisation des *institutions départementales et municipales*, avait depuis long-temps fixé l'attention du Gouvernement, qui avait fait pré-senter à la Chambre des Députés, le 22 février 1821, un projet de loi sur cet objet important.

Cette présentation n'eut alors aucunes suites ; il serait inutile de rappeler en ce moment les causes de ce retard.

4

Nous nous bornerons à examiner comment tous les Français peuvent être appelés à exercer leurs droits politiques, sans aucun inconvénient pour la tranquillité publique, mais en même temps sans privilège pour les uns ni exclusion pour les autres, en sorte que *tous* puissent également en jouir, pourvu qu'ils remplissent des conditions semblables.

Les communes forment la première association ou corporation légale qui doit rallier par un intérêt commun les habitans d'un territoire assez peu étendu, pour qu'ils puissent avoir des relations habituelles, et se considérer en quelque sorte comme faisant partie de la même famille.

Toutes les autres institutions sociales n'ont été successivement établies qu'en leur faveur, puisque leur seul objet est de transmettre à l'universalité des Français les avantages ou les résultats positifs de la civilisation la plus perfectionnée, dont ils doivent jouir en vertu de l'*égalité* qui est le premier de leurs droits naturels, et de leur fournir en même temps les moyens d'exercer leurs *droits politiques* avec facilité, mais dans une juste mesure.

Sous le premier rapport, la transmission universelle des résultats positifs de la civilisation peut être faite dans l'état actuel des choses de la manière la plus facile et la plus économique.

L'homme n'a en effet que deux besoins essentiels :

1° D'être protégé, et, en cas de besoin, nourri et secouru par un père commun également occupé du bonheur de tous ses enfans ;

2°. D'être instruit de ses devoirs *envers Dieu et la société* par un ministre de la religion charitable et éclairé.

Ces deux Puissances temporelle et spirituelle suffisent dans le plus grand nombre des communes de France, qui n'ont besoin que d'un bon *Maire* et d'un bon *Curé*, sauf à leur donner, en cas de besoin, un plus grand nombre *d'adjoints* ou de *vicaires*.

Les attributions respectives de ces deux premiers fonctionnaires publics ont d'ailleurs essentiellement le même but et sont absolument semblables, quoiqu'ils agissent par des moyens différens.

Sous le second rapport, relatif à l'admission des habitans de la commune à exercer dans une juste limite leurs droits politiques, ces droits se bornent à deux fonctions gratuites et volontaires :

1° Celles de membres du conseil municipal, qui doivent être nommés par le Roi, sur une liste de candidats qui lui sera présentée par le collège électoral ou l'assemblée primaire de la commune;

2° Celles de membres de cette assemblée primaire qui serait composée de tous les Français domiciliés dans la commune (âgés de trente ans accomplis), imposés à une contribution directe de la valeur d'un certain nombre de journées de travail, suffisante pour garantir que celui qui la paie a été laborieux, économe, et qu'il exerce une profession utile dont le produit peut assurer son indépendance personnelle, et enfin *Pères de famille*.

Dernière condition dont seraient seulement exceptés les fonctionnaires publics et les citoyens qui auraient obtenu une décoration ou une retraite honorable, en raison de leurs services. (1)

Les assemblées primaires des communes du royaume, formées d'après le plan qui vient d'être

(1) Tout citoyen est également appelé à se rendre utile à sa patrie; mais il n'a rempli ce devoir que lorsqu'il s'est consacré à une fonction publique, ou lorsque, parvenu à l'âge de trente ans, il a contracté un engagement avoué par la loi, qui le place à la tête d'une famille nouvelle, et lui donne un intérêt réel au maintien de la tranquillité publique, de l'ordre et des mœurs.

indiqué, seraient toujours composées d'un nombre d'habitans suffisant pour faire avec discernement les élections qui leur seraient confiées, et ne présenteraient jamais les inconvéniens d'une réunion tumultueuse.

Cependant aucun Français qui aura acquis un état honorable ou utile par ses talens ou son industrie, n'en sera exclu à l'âge où il peut avoir des opinions fixes sur les hommes et sur les choses, une expérience personnelle, et des intérêts de famille à conserver.

La mission des citoyens qui seront appelés à les composer, ne peut constituer, dans aucune circonstance, une fonction active; ils ne doivent former qu'un vrai *jury d'élection*, chargé de présenter au choix du Gouvernement, pour certaines fonctions locales, les hommes qui peuvent mériter sa confiance, et d'écarter ceux qui n'auraient pas celle de leurs concitoyens.

Ainsi, chaque assemblée primaire n'aurait à faire que deux espèces de nominations,

1º Des candidats pour les places de *maire, d'adjoints, de membres du conseil municipal, et d'officiers de la garde nationale* de la commune;

2° Des députés au collège électoral du canton, dans un nombre proportionné à la population respective des différentes communes dont il serait composé.

Ce second collège ne serait donc composé que d'électeurs qui auraient été nommés eux-mêmes par les assemblées primaires des communes, et ses fonctions se réduiraient également à nommer,

1° Des candidats pour les places d'administrateurs particuliers et de membres du conseil du canton ;

2° Des députés au collège électoral du département, dans un nombre proportionné à la population respective des différens cantons dont il serait composé.

Ce troisième collège, qui formera le dernier degré d'élection, nommerait,

1° Des candidats pour les fonctions de membres du conseil général du département ;

2° Des députés au Corps législatif, dans un nombre proportionné à la population du département (1).

____

(1) Ce nombre pourrait être fixé à raison d'un député pour 70,000 habitans, proportion qui a déjà lieu dans plusieurs départemens, et particulièrement dans celui d'Ille-et-Vilaine.

Un systême électif établi sur ces bases appellerait tous les citoyens à exercer leurs droits politiques immédiatement, ou au moins graduellement, et aurait le double avantage de leur garantir une liberté plus étendue que celle dont le peuple jouissait dans les anciennes républiques, et de prévenir en même temps les désordres et les intrigues qui agitent ordinairement les assemblées populaires.

Ce systême d'organisation des institutions départementales et municipales, permettrait en même temps de faire une grande économie sur les dépenses de l'administration générale de l'Etat, en supprimant beaucoup d'institutions intermédiaires et de fonctions inutiles.

HUITIÈME LOI.

L'instruction publique a été dans tous les temps une institution nécessaire à la conservation et au perfectionnement des sociétés humaines.

Mais d'après sa grande influence sur le bonheur de l'homme et la stabilité des Gouvernemens, *la liberté absolue de l'enseignement* pourrait devenir la source des plus grands désordres.

Pour prévenir ces conséquences funestes, la loi projetée sur l'instruction publique doit donc déterminer avec une rigoureuse précision, et conformément aux principes consacrés par la Charte,

1° Les institutions légales qui auront pour objet de conserver, perfectionner et répandre les connaissances humaines spécialement nécessaires pour être admis à remplir les différentes fonctions publiques ;

2° Les preuves de capacité et de moralité qui devront être exigées de tous les Français qui se présenteront pour être autorisés à enseigner ces connaissances, en se conformant aux méthodes ou aux formes légales de l'enseignement, comme on les exige de tous ceux qui ont le désir de servir leur patrie dans toutes les autres fonctions publiques.

L'Université est le corps respectable qui a été particulièrement chargé depuis son origine, et qui l'est encore spécialement par nos lois actuelles, de former des maîtres capables d'enseigner les différentes connaissances humaines, qui sont divisées, par la nature même des choses, en quatre classes ou facultés :

1° Les sciences physiques ;

2° Les sciences mathématiques ;

3° Les sciences littéraires et philosophiques ;

4° Les sciences morales et politiques.

Il suffit 'donc, pour remplir l'objet de la loi projetée, de réunir les réglemens particuliers qui ont successivement modifié cette belle institution dans une loi générale qui déterminerait particulièrement les formes rigoureuses de l'admission à tous les emplois qui exigent des connaissances spéciales, et les juges qui devraient prononcer sur la capacité légale des concurrens.

Mais cette institution, ainsi que toutes les autres institutions sociales, ne doit être établie que pour le peuple et dans l'intérêt général : elle doit donc offrir une instruction *libre, gratuite*, et généralement accessible à tous ceux qui peuvent en profiter, sans aucune exception. Mais ses agens, soldés par l'Etat comme les militaires, les juges et les administrateurs, ne doivent exiger aucun autre salaire, et ne pourront être reconnus ministres de l'enseignement public, que lorsque cette belle mission leur aura été légalement conférée.

NEUVIÈME ET DERNIERE LOI.

L'abolition du double vote , et la fixation des conditions électorales et d'éligibilité , sont la conséquence nécessaire de plusieurs dispositions précises de la Charte de 1814, qui avait maintenu toutes les lois existantes à l'époque de sa promulgation.

Le double vote , particulièrement, ne pouvait pas entrer dans les intentions du sage Législateur qui l'avait établie : nous avons cherché à les reproduire dans les observations précédentes, relatives aux différentes questions que peut faire naître *la fixation des conditions électorales et d'éligibilité.*

Ces questions étaient toutes sagement résolues par les lois existantes en 1814 ; et les différentes modifications qu'on leur a fait éprouver depuis, qui ont donné lieu à tant de fraudes scandaleuses , n'ont été successivement introduites que par cet esprit d'intrigue qui avait commencé dèslors à se manifester en France.

CONCLUSION.

Volentem ducunt fata, nolentem trahunt. Sénèque.

Les lois morales et politiques auxquelles Dieu a attaché le bonheur de l'homme et la stabilité des gouvernemens, sont aussi immuables que celles auxquelles sa sagesse a également soumis les révolutions du monde physique et des globes célestes qui lui distribuent la lumière et lui impriment le mouvement.

Le bonheur de chaque individu est particulièrement attaché au développement le plus égal et le plus complet possible de ses facultés *intellectuelles et industrielles*, et surtout à l'emploi qu'il en fait pour remplir dans toute leur étendue les obligations que lui impose sa position sociale.

Mais le développement et l'action de ces deux facultés sont nécessairement subordonnés à l'état des différentes institutions politiques qui leur correspondent.

Tous les devoirs imposés à l'homme se réduisent donc,

1° *A l'obéissance* aux lois, obéissance qui est la première et la plus générale de toutes les vertus ;

2° *A la fidélité*, avec laquelle tous ceux qui ont acquis quelque supériorité sur leurs concitoyens, par un plus grand développement de leurs facultés individuelles, doivent maintenir la stabilité des institutions sociales, et concourir à leur perfectionnement progressif.

Chaque nation, comme chaque individu, a donc reçu du souverain Législateur du monde une *mission* spéciale qu'elle doit remplir.

Celle de la France était marquée par l'heureuse fertilité de son territoire, par sa situation entre les deux mers qui ont uni l'ancien et le nouveau monde, et surtout par les progrès qu'elle avait faits dans tous les arts de la civilisation, et par lesquels elle exerçait sur l'Europe une véritable magistrature. (*Considérations sur la France.*)

Nulle part les sciences religieuses, philosophiques et littéraires n'avaient eu tant d'éclat.

Les exploits de ses armées, dans les temps anciens et modernes, ont montré tout ce que le courage, le génie et le dévouement militaires peuvent produire de grand et d'héroïque.

Depuis la rédaction par écrit de nos anciennes coutumes, et leur perfectionnement par l'application des principes du droit romain, nos rois avaient établi et développé l'ordre judiciaire par des ordonnances dont rien n'avait encore surpassé la sagesse, et qui avaient multiplié les richesses de la France, en favorisant le commerce et tous les genres d'industrie.

Il ne leur restait plus, pour assurer la stabilité de leur gouvernement et la prospérité de leurs peuples, qu'à franchir le dernier degré de la civilisation par l'établissement d'une constitution qui eût fondé la liberté publique sur une base assurée, et qui eût mis toutes nos anciennes institutions en harmonie avec l'état actuel de la nation et les effets toujours croissans du progrès des lumières.

« Mais ce n'est que lorsque la sagesse des rois s'accorde librement avec le vœu des peuples, qu'une Charte constitutionnelle peut être de longue durée; et elle doit lier tous les souvenirs à toutes les espérances, en réunissant les temps anciens et modernes. » (Préambule de la Charte.)

L'immense majorité des Français est toujours animée par ce sentiment profond et éclairé de justice et de raison qui les porte vers le dernier terme que l'auteur de la nature a fixé aux sociétés humaines, malgré les divisions d'opinions ou d'intérêts qu'ont fait naître les diverses révolutions que nous avons éprouvées.

On a souvent accusé de frivolité et de légèreté le caractère ou l'esprit public de la nation même, parce qu'il ne devait se fixer définitivement que par l'établissement des institutions nécessaires, pour qu'elle pût remplir, dans toute son étendue, la destination ou la mission spéciale qui lui était réservée.

Au reste, *être ou ne pas être*, telle est la question à laquelle tout se réduit aujourd'hui.

La France donnera-t-elle au monde l'exemple de la sage régénération politique qui peut seule prolonger la durée des nations, ou ne laissera-t-elle aux générations futures qu'un nouveau monument des malheurs qui les attendent, lorsqu'elles s'écartent de la route qui leur est tracée ?

Ces observations sont, en grande partie, l'extrait de celles que, depuis dix ans, j'avais cru devoir adresser au Gouvernement sur plusieurs questions importantes dont on s'occupait alors.

Les différens ouvrages où elles étaient développées sont intitulés :

1º Du Gouvernement monarchique, légitime et constitutionnel, considéré dans ses rapports avec la nature et la destinée de l'homme, imprimé à Rennes en 1820.

2º Pensées de Bossuet et application de ses maximes à la constitution actuelle des institutions sociales en France. Rennes, 1827.

3º Lettre à MM. les Electeurs de Rennes. Février 1828.

4º Observations sur le projet de loi relatif à l'organisation de l'administration départementale et communale. Mars 1828.

5º Observations sur le projet de loi relatif à la presse périodique. Mai 1828.

6º Cours de droit naturel et politique, première leçon. Janvier 1829.

7º Observations sur la Charte Constitutionnelle, et sur le projet de loi relatif au duel. Avril 1829.

8° Théorie du Gouvernement Français, et conséquences nécessaires des principes sur lesquels il a été établi. Janvier 1830.

Ces différens ouvrages pourront offrir quelques développemens nécessaires aux nouvelles observations que j'ai dû me borner à exposer sommairement.

Mais ils justifieront toujours que les principes de l'Auteur, conformes à ceux de l'ancienne Magistrature Française, du moins avant les troubles précurseurs de la Révolution, n'ont jamais varié à aucune époque.